SUR GRIN VOS CONNAISSANCES SE FONT PAYER

- Nous publions vos devoirs
  et votre thèse de bachelor et master

- Votre propre eBook et livre –
  dans tous les magasins principaux du monde

- Gagnez sur chaque vente

**Téléchargez maintentant sur www.GRIN.com
et publiez gratuitement**

Bibliographic information published by the German National Library:

The German National Library lists this publication in the National Bibliography;
detailed bibliographic data are available on the Internet at http://dnb.dnb.de .

This book is copyright material and must not be copied, reproduced, transferred, distributed, leased, licensed or publicly performed or used in any way except as specifically permitted in writing by the publishers, as allowed under the terms and conditions under which it was purchased or as strictly permitted by applicable copyright law. Any unauthorized distribution or use of this text may be a direct infringement of the author s and publisher s rights and those responsible may be liable in law accordingly.

Imprint:

Copyright © 2017 GRIN Verlag
Print and binding: Books on Demand GmbH, Norderstedt Germany
ISBN: 9783668650893

This book at GRIN:

https://www.grin.com/document/412824

Adina Kuhn

La notion de l'ekphrasis chez Diderot et Baudelaire

GRIN Verlag

GRIN - Your knowledge has value

Since its foundation in 1998, GRIN has specialized in publishing academic texts by students, college teachers and other academics as e-book and printed book. The website www.grin.com is an ideal platform for presenting term papers, final papers, scientific essays, dissertations and specialist books.

Visit us on the internet:

http://www.grin.com/

http://www.facebook.com/grincom

http://www.twitter.com/grin_com

SUR GRIN VOS CONNAISSANCES SE FONT PAYER

- Nous publions vos devoirs
  et votre thèse de bachelor et master

- Votre propre eBook et livre –
  dans tous les magasins principaux du monde

- Gagnez sur chaque vente

Téléchargez maintentant sur www.GRIN.com
et publiez gratuitement

Références

Baudelaire, C., « Les fenêtres », in : *Œuvres complètes de Charles Baudelaire*, Michel Lévy frères, 1869, p. 109-110.

Cassin, B., « L'« ekphrasis » : du mot au mot » in : *Le Seuil / Dictionnaires le Robert*, 2003, <http://www.language-archives.org/item/oai:www.mpi.nl:MPI84165> , (08.06.2017).

Diderot, D., « Chardin », in : *Essais sur la peinture. Salons de 1759, 1761, 1763,* Paris : Hermann, 1984, p. 219-221.

Lange, E., « Baudelaire und der Symbolismus» in : *Academic dictionaries and encyclopedias*, 2012, <http://universal_lexikon.deacademic.com/211861/Baudelaire_und_der_Symbolismus>, (08.06..2017).

Vogel, Ch., « Diderot » in : *Présentation PowerPoint,* Cours sur le dialogue des arts : littérature, peinture et architecture », 01.03.2017.

expérience.[18] En conclusion, la description idéale pour Baudelaire peut être saisie comme une ressource essentielle qui ne copie pas, mais peut changer le monde.

Conclusion

Sur la base de l'étude précédente, les idées sur la description et l'*ekphrasis* chez Diderot et Baudelaire révèlent certaines similitudes. Les deux sont convaincus que l'idéal de la représentation n'est pas dans la nature, mais que le plus important est l'imagination de l'artiste – et en référence à l'*ekphrasis*, c'est dans un deuxième temps aussi l'imagination du lecteur. Des descriptions minutieuses rendent possibles le fait que le récepteur peut s'imaginer une œuvre comme s'il se trouvait devant son original. De plus, ils espèrent que l'art déclenchera des sentiments chez les récepteurs. Toutefois, il faut nuancer ; Diderot se concentre moins sur l'aspect de la sensibilité dans les œuvres traitées que Baudelaire. Dans le Salon du premier, on trouve des phrases qui ne laissent pas d'espace pour une interprétation comme « Celui qu'on voit en montant l'escalier, mérite surtout l'attention. ».[19] A son époque, Baudelaire écrit dans *Les fenêtres* d'une manière plus personnelle et il indique que cette expérience l'avait aidé « à vivre, à sentir que je suis et ce que je suis ».[20]

Chacun à sa manière, les deux critiques d'art avaient comme objectif commun de partager leur expérience avec des œuvres d'art dont ils ont jouies d'une manière aussi authentique que possible.

---

[18] Baudelaire, C. 1869, p. 110.
[19] Diderot, D. 1984, p. 219.
[20] Baudelaire, C. 1869, p. 110.

« On m'a dit que Greuze, montant au Salon, et apercevant le morceau de Chardin que je viens de décrire, le regarda et passa en poussant un profond soupir. Cet éloge est plus court, et vaut mieux que le mien ».[12]

Diderot utilise sa réaction immédiate au lieu d'un commentaire intelligent pour répéter que Chardin a produit une unité significative qu'on ne peut guère décrire, ce qui signifierait que même une mise en œuvre *'ekphrasistique'* reste une approche imparfaite. En disant « On n'entend rien à cette magie. », il semble que le dialogiste veuille inviter ses lecteurs à ensuite apprécier les tableaux eux-mêmes pour aussi profiter de leur beauté et magie.[13]

Baudelaire et *l'ekphrasis*

Un siècle plus tard, Charles Baudelaire marquait ses contemporains avec ses idées sur l'idéal de l'art et aussi de sa critique. Son importance a continué jusqu'à nos jours, ses poèmes sont mondialement connus. Ce n'est guère étonnant lorsque l'on admire par exemple un extrait de son œuvre *Les fleurs du Mal*, une recueil qu'il a publiée en 1857.[14] Ce document montre bien que Baudelaire était aussi un maître de la description ; le poème *Les fenêtres* (XXXV) est même écrit d'une manière *'ekphrasistique'*.[15] Là-dedans, il décrit sa perspective à travers une fenêtre ouverte, comme s'il s'occuperait d'un tableau. Son attention porte sur une femme qui traverse la route :

« *J'aperçois une femme mûre, ridée déjà, pauvre, toujours penchée sur quelque chose, et qui ne sort jamais. Avec son visage, avec son vêtement, avec son geste, avec presque rien, j'ai refait l'histoire de cette femme, ou plutôt sa légende, et quelquefois je me la raconte à moi-même en pleurant.* »[16]

Ce passage est exemplaire pour le concept de beauté de l'écrivain. Selon lui, la beauté ne correspond pas à un idéal éternel et elle est liée à la synergie d'un objet immuable qu'il trouve ennuyant et le moment d'irrégularité, de bizarrerie et de surprenant, ce qui évoque l'étonnement. Elle ne se trouve pas dans les objets ou dans la nature même, mais elle est dépendante de la perception subjective du spectateur.[17] L'apparition de l'*ekphrasis* se trouve dans la description minutieuse de l'objet observé. À l'aide de la caractérisation adjectivale très vivante, le lecteur n'a pas besoin de se placer devant la fenêtre en personne. Après les mots précédents du poète, cette perspective déclenche des sentiments profonds en lui. Son imagination de l'histoire de cette femme le fait pleurer et il se couche, fier d'avoir vécu cette

---

[12] Ibid., l. 9
[13] Ibid.
[14] Lange, E., « Baudelaire und der Symbolismus» in : *Academic dictionaries and encyclopedias*, 2012, <http://universal_lexikon.deacademic.com/211861/Baudelaire_und_der_Symbolismus>, (08.06.2017).
[15] Baudelaire, C., « Les fenêtres », in : *Œuvres complètes de Charles Baudelaire*, Michel Lévy frères, 1869, p. 109-110.
[16] Ibid.
[17] Lange, E. 2017.

« C'est que ce vase de porcelaine est de la porcelaine ; c'est que ces olives sont réellement séparées de l'œil par l'eau dans laquelle elles nagent ; c'est qu'il n'y a qu'à prendre ces biscuits et les manger, cette bigarade, l'ouvrir et la presser ; ce verre de vin, et le boire ; ces fruits, et les peler ; ce pâté, et y mettre le couteau ».[6]

Le critique d'art décrit les parties illustrées de façon tellement vivante, qu'on n'a vraiment pas besoin d'avoir le tableau sous les yeux pour se l'imaginer. Diderot ne donne pas seulement une description précise, mais il mentionne aussi ce qu'il aimerait faire avec ces objets, par exemple découper le pâté.[7] Ceci pourrait bien inviter le lecteur à sentir l'arôme de la pâtisserie – ceci est renforcé par le fait que Diderot lui-même semble se sentir 'dans le monde du tableau'. Au niveau de la langue, l'*ekphrasis* se manifeste aussi dans le fait qu'il évite les phrases superflues. Le texte ne contient pas seulement des éléments très simple : « C'est que ce vase de porcelaine est de la porcelaine. », mais néanmoins le lecteur devrait pouvoir suivre toute l'action facilement.[8] Ce style sans détour rend possible le fait de se donner pleinement à l'imagination. Un autre aspect qui fait sa visite au Salon si vivace, c'est que l'essai est écrit au présent. La présence était un autre aspect essentiel pour Diderot qui permet au public une expérience plus réelle.

Ultérieurement, Diderot note une autre œuvre de Chardin : *La Raie*.[9] L'écrivain ne veut pas seulement donner une description précise du tableau, mais aussi ce que l'ouvrage provoque en lui. Il montre bien que Chardin affecte premièrement ses sentiments et pas son intellect en disant « Pour regarder les tableaux des autres, il semble que j'aie besoin de me faire des yeux ; pour voir ceux de Chardin, je n'ai qu'à garder les yeux que la nature m'a données, et m'en bien servir. »[10] Le fait que la vue d'ensemble d'une œuvre soit fondamentale pour Diderot, devient tangible si on constate qu'il souligne la laideur de la *Raie* – ainsi il le renomme *Raie dépouillée* – et que « c'est la chair même du poisson. »[11] On pourrait en conclure qu'une représentation assez détaillée, comme chez Chardin, enlève l'aspect dégoûtant de l'objet. En appliquant cette idée au terme de l'*ekphrasis*, le critique d'art a comme but de créer une description assez précise afin que le lecteur éprouve cette transformation d'un objet dégoûtant dans un bel ensemble.

Ensuite, l'essayiste cite un autre symbole pour illustrer le fait que l'art de Chardin est émouvant :

---

[6] Ibid., l. 6
[7] Ibid.
[8] Ibid.
[9] Ibid., l. 8
[10] Ibid., l. 4
[11] Ibid., l. 8

Introduction

Dans le domaine de l'art dialogique, il existe une grande tradition d'écrivains qui se préoccupent des arts visuels. Évidemment, les styles et la mise en œuvre de ces lettrés sont tout aussi variés que leur personnalité et leur philosophie. Dans le cadre de ce travail, on veut s'essayer à les décrire d'une manière telle que le lecteur puisse s'imaginer l'objet de façon picturale. Cet art est aussi connu sous le terme *ekphrasis*. Le mot tire son origine du grec et « désigne terminologiquement les descriptions, minutieuses et complètes, qu'on donne (primairement) des œuvres d'art ».[1] Ainsi le terme est appliqué surtout pour une diffusion double d'une représentation visuelle à l'aide d'une représentation littérale. Un exemple très connu est l'*ekphrasis* que Homère a donné dans l'*Iliade*, du *bouclier d'Achille* forgé par Héphaistos.[2] Les écrivains français Denis Diderot (XVIIIe siècle) et Charles Baudelaire (XIXe siècle) sont irremplaçables dans ce domaine. Entre autres, ces deux auteurs ont diffusé des déclarations sur les œuvres d'autres dans le style du Salon, qui est « un espace ouvert, gratuit et public » qui permet une « confrontation entre artistes, œuvres, critiques et spectateurs ».[3] L'avènement d'une telle « Opinion publique » a commencé à l'époque de Diderot et on a laissé circuler ces journaux pour discuter.[4] Un siècle plus tard, Baudelaire a poursuivi cette trace et a aussi publié son opinion sur l'art. Pour examiner leur style de description et leur emploi de l'*ekphrasis*, des documents de ces grands hommes seront traités dans ce qui suit. Finalement, les différences et similarités les plus notables seront mises en lumière.

Diderot et l'ekphrasis

Sous ses *Essais sur la peinture* qui ont été publiés dans des journaux, on trouve un texte assez inspirateur dans la *Correspondance littéraire* de F. M. Grimm.[5] Là-dedans, Diderot décrit sa visite d'un Salon avec des tableaux de Jean Siméon Chardin, un peintre représentant le genre artistique des 'natures mortes'. Puisqu'il s'adresse premièrement à son ami Grimm, et deuxièmement au public du journal, l'essayiste a choisi une langue assez directe. Comme lecteur dans un cadre plus distancié, on a néanmoins le sentiment qu'on accompagne Diderot à son tour dans l'exposition. Ceci est déjà une preuve authentique d'une application de l'*ekphrasis*. La langue picturale de Diderot se manifeste de façon exemplaire dans la section suivante, où il décrit un tableau de l'exposition :

---

[1] Cassin, B., « L'« ekphrasis » : du mot au mot » in : *Le Seuil / Dictionnaires le Robert*, 2003, <http://www.language-archives.org/item/oai:www.mpi.nl:MPI84165> , (08.06.2017).
[2] Ibid.
[3] Vogel, Ch., « Diderot » in : *Présentation PowerPoint, Cours sur le dialogue des arts : littérature, peinture et architecture »*, 01.03.2017.
[4] Ibid.
[5] Diderot, D., « Chardin », in : *Essais sur la peinture. Salons de 1759, 1761, 1763,* Paris : Hermann, 1984, p. 219-221.

Table des matières

Introduction 2
Diderot et l'ekphrasis 2
Baudelaire et *l'ekphrasis* 4
Conclusion 5
Références 6

La notion de l'*ekphrasis*

dans des œuvres de Diderot et Baudelaire